Al Padre James McGuire S.D.B.

Un libro de Dorling Kindersley
www.dk.com

© SAN PABLO 2002 (Protasio Gómez, 11-15. 28027 Madrid)
Tel. 917 425 113 - Fax 917 425 723
E-mail: secretaria.edit@sanpablo-ssp.es
© Dorling Kindersley Limited, Londres 2001

Título original: The Creation Story
Traducción española: Adoración Pérez

Copyright texto © Selección de textos tomados de
La Santa Biblia de San Pablo 1988
Copyright ilustraciones © Norman Messenger 2001

Prohibida la reproducción total o parcial
del texto y las ilustraciones
Queda prohibida su distribución
en venta fuera de España

Distribución: SAN PABLO. División Comercial
Resina, 1. 28021 Madrid * Tel. 917 987 375 - Fax 915 052 050
E-mail: ventas@sanpablo-ssp.es
ISBN: 84-285-2385-1
Impreso en Italia
Printed in Italy

EL RELATO DE LA CREACIÓN

Ilustrado por
NORMAN MESSENGER

SAN PABLO

Al principio creó Dios el cielo y la tierra. La tierra estaba vacía, era como una masa informe envuelta en la oscuridad. Y el Espíritu de Dios se cernía sobre las aguas.

Y dijo Dios: "Hágase la luz", y hubo luz. Y vio Dios que la luz era buena. Luego separó la luz de las tinieblas. Dios llamó a la luz "día" y a las tinieblas "noche". Y así hubo UN DÍA.

Y dijo Dios: "Haya un firmamento entre las aguas, que separe las unas de las otras". Y así fue. Dios hizo el firmamento para separar las aguas de arriba de las de abajo. Y Dios llamó al firmamento "cielo". Todo esto sucedió el SEGUNDO DÍA.

Y dijo Dios: "Reúnanse en un solo lugar las aguas inferiores y aparezca el terreno seco". Y así fue. Dios llamó a lo seco "tierra" y al agua "mar". Y Dios vio que era bueno.

EL RELATO DE LA CREACIÓN

Dios dijo: "Produzca la tierra vegetación: plantas con semillas de su especie".

TERCER DÍA

"Y que los árboles den frutos con semillas, y las semillas produzcan la clase de plantas y árboles de la que proceden". Y así fue. Y Dios vio que era bueno. Todo esto tuvo lugar el TERCER DÍA.

CUARTO DÍA

Y Dios dijo: "Haya lumbreras en el firmamento que separen el día de la noche, sirvan para distinguir las estaciones, los días y los años. Que su luz brille sobre la tierra". Y así fue. Dios hizo dos grandes lumbreras: el

sol y la luna. La mayor para el gobierno del día, y la menor para el gobierno de la noche. También hizo las estrellas. Dios las puso en el firmamento para iluminar la tierra. Y vio Dios que esto era bueno. Esto ocurrió el CUARTO DÍA.

Y dijo Dios: "Pululen en las aguas los peces y otros seres vivientes".

EL RELATO DE LA CREACIÓN

"Y que los cielos se llenen con toda clase de pájaros". Y vio Dios que esto era bueno. Entonces los bendijo diciendo: "Sed fecundos, multiplicaos y llenad las aguas del mar, y multiplíquense las aves sobre la tierra". Esto ocurrió el QUINTO DÍA.

SEXTO DÍA

EL RELATO DE LA CREACIÓN

Y dijo Dios: "Produzca la tierra toda clase de animales vivientes: ganados, animales pequeños...

...y bestias salvajes". Y así fue. Dios hizo las bestias de la tierra, los ganados y los pequeños animales, cada uno de ellos con la capacidad de reproducirse. Y vio Dios que todo era bueno.

EL RELATO DE LA CREACIÓN

SEXTO DÍA

Entonces dijo Dios: "Hagamos a los hombres a nuestra imagen para que sean como nosotros. Ellos serán los dueños de toda vida". Y Dios creó a los hombres a su imagen y semejanza; los hizo hombre y mujer. Dios los bendijo y les dijo: "Multiplicaos y llenad la tierra y sometedla. Sed dueños de los peces, de los pájaros y de todos los animales". Y así fue. Entonces Dios miró todo lo que había hecho y vio que era excelente en todos los sentidos. Todo esto ocurrió el SEXTO DÍA.

Así fueron acabados el cielo y la tierra y todos sus elementos. El séptimo día, Dios dio por terminada su obra, y en este día descansó. Y Dios bendijo el SÉPTIMO DÍA y lo santificó, porque fue en este día cuando descansó de toda su actividad creadora.

EL RELATO DE LA CREACIÓN